AF331573

DÉMOCRATIE !

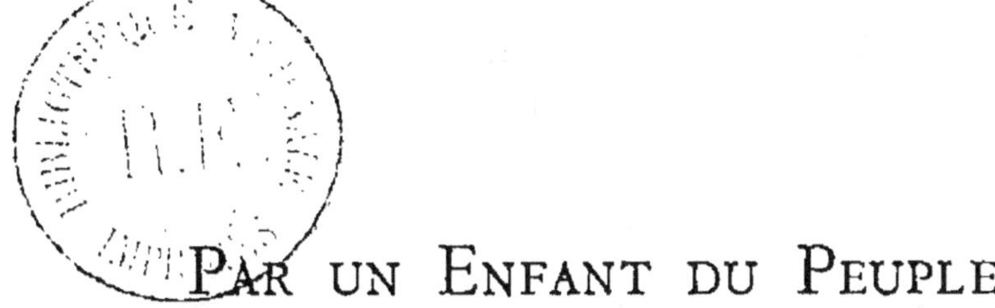

Par un Enfant du Peuple

Prière de communiquer et faire lire.

IMPRIMERIE GÉNÉRALE DE LYON

30, Rue Condé, 30

1883

DÉMOCRATIE !

I

Quel mot magique, plein de promesses, riche d'espérances, Démocratie ! Le peuple est souverain ; à lui de faire à son gré le gouvernement et les lois ; à lui de pourvoir à ses besoins, de protéger ses intérêts, d'assurer son avenir ! Egalité, équitable répartition des avantages sociaux, abolition de la misère ! que de choses dans ce mot : Démocratie !

Est-ce un nouvel Eden qui se prépare ? Est-ce un rêve, un décevant mirage ?

II

C'est au moins et toujours l'éternelle recherche du bonheur, l'éternelle aspiration aux biens qui nous manquent, la soif inextinguible des jouissances qui nous font défaut ; la lutte sans fin du petit contre le grand, des déshérités contre les favoris de la fortune.

III

Le peuple attend la réalisation de ses espérances d'une forme politique lui paraissant propre à cette fin ; il l'attend de la République ; non pas de la république simplement qui exclut les rois, mais

de la république démocratique le constituant lui-
même souverain ; mieux encore, de la république
sociale devant modifier à son profit l'état écono-
mique de la France. Les précédentes républiques
ayant trompé son attente, il croit atteindre son
but par cette formule : *République démocratique
et sociale !* ignorant qu'une formule n'est qu'une
formule quand n'y peut correspondre la réalité des
faits.

IV

Dans les républiques anciennes, d'abord toutes
aristocratiques ou oligarchiques, à Rome notam-
ment, quand le peuple prétendit s'y faire place,
ce furent des luttes effroyables sans profit pour lui,
à la fin desquelles la république tomba d'épuise-
ment aux mains des Césars.

C'est le sort qu'eurent, vingt siècles plus tard, la
première et la seconde républiques françaises.

De nos jours on invoque l'exemple des Etats-
Unis d'Amérique ; mais là il y a des terres pour
tous ceux qui en veulent, et l'industrie naissante
n'y donne lieu à aucune compétition sérieuse entre
ouvriers et patrons. Si cette République est démocratique, elle ne l'est pas dans le même sens et les
mêmes conditions que le peuple voudrait la faire
en France.

V

Au début de la grande révolution française, un
orgueilleux auteur de théories politiques, se sou-
ciant du peuple comme d'un fêtu, le fameux Siéyès,
dit un mot qui renfermait bien des choses : Qu'est-

ce que le Tiers-Etat? Rien. Que doit-il être? Tout. Or le Tiers-Etat c'était la bourgeoisie; elle était plus que rien à la veille d'être tout, et ce qu'elle était, nos rois l'avaient faite, en détruisant l'aristocratie féodale, sous laquelle, sans eux, nous serions encore courbés, peuple et bourgeois.

VI

Ce qu'ils avaient fait pour la bourgeoisie nos rois l'auraient fait pour le peuple, car les Capétiens n'ont pas seulement forgé de pièces et de morceaux la grande nation française, mais encore et toujours rempli un rôle réformateur, civilisateur. L'infortuné Louis XVI l'avait repris ce rôle, un instant délaissé par Louis XV. Ceci ne faisait plus le compte de la bourgeoisie, qui, voulant être tout, ne pouvait tolérer une puissance supérieure, de nature à faire obstacle à sa domination, et capable d'élever le peuple à son tour. Voilà pourquoi elle tua le monarque et renversa la monarchie.

VII

Cette prépondérance, unique fruit social de la grande révolution, misérable résultat de tant d'efforts et de sang versé, la bourgeoisie l'a conservée plus ou moins, sous tous les régimes : elle n'est jamais plus grande qu'en république, car alors à la puissance sociale s'ajoute l'omnipotence politique ; le peuple y croit être tout, et n'est rien qu'un instrument. Avec un roi la bourgeoisie aurait à compter ; aussi ses préférences sont pour la république. Ceux qui ne le voient pas s'en laissent imposer par des apparences trompeuses.

VIII

« Exploitation de l'homme par l'homme, » c'est ainsi que le peuple définit la prépotence bourgeoise. Le bourgeois se fait la part du lion dans les avantages sociaux, dans les profits du travail; bref, le bourgeois n'est qu'un égoïste. Comment pourrait-il ne pas l'être ? l'égoïsme est le fond de la nature de l'homme. Il fut, il pourrait être considérablement amoindri, non par la fraternité moderne, précepte sans valeur d'une philanthropie sans autorité, mais par la fraternité, par la charité chrétienne, loi divine, qui n'oblige pas seulement l'homme à secourir l'homme, son frère, mais qui, pénétrant de sa vertu irrésistible mœurs, institutions, lois, gouvernements, serait d'une efficacité souveraine. Elle a détruit l'esclavage, elle a détruit le servage, elle aurait fini par détruire la misère, si, aveuglé par des sophistes, le peuple ne l'eût répudiée, ne voulant plus voir, dans sa bienfaisante grandeur, que l'aumône humiliante.

IX

Cependant, pour fortifier ses espérances, le peuple dit : « Je suis le nombre, je suis la force, je « suis le droit ! » Autant d'erreurs.

Pour le nombre, il ne l'est pas à lui seul, et s'en apercevrait le jour où, la propriété directement ou indirectement menacée, tous ceux qui possèdent se détacheraient de lui.

Quant à la force, il ne l'a pas, à moins qu'il ne s'agisse de la force brutale qui ne résolut jamais les problèmes sociaux, et ne fit que substituer quelques hommes à quelques autres dans la possession de la fortune, comme cela se vit à la grande révolution. Le peuple n'en profite jamais. Dans tous les temps, chez toutes les nations, particulièrement celles qui sont exclusivement matérialistes, la force, la puissance, appartiennent à ceux qui possèdent la richesse ; le nombre n'y fait rien, et le peuple lui-même converti au matérialisme consacre cette force, s'y abandonne, et repousse toute autorité d'un ordre plus élevé, qui pourrait la combattre à son profit.

Serait-il donc le droit ? Il n'y a pas de droit contre le droit. Toutes les nations civilisées sont fondées sur le droit de la propriété individuelle. Si le peuple se figure que par une loi, dûment promulguée, on peut ôter aux uns pour donner aux autres (ce qui est le fond de toutes les utopies socialistes), il se trompe. Qu'il essaye, s'il se peut, d'envoyer au parlement une majorité capable de tenter l'aventure, il en verra bientôt les désastreux effets : Le capital se dérobe et tout travail cesse, le travail fortune du peuple, auprès de laquelle ne sont rien les richesses réalisées. N'importe, dit le peuple, que j'aie seulement l'outillage et je créerai un nouveau capital, oui, comme ferait moisson un garçon de ferme à qui le prolétaire abandonnerait ses charrues, sans semences.

X

Ces vérités la bourgeoisie ne les ignore pas. Voilà pourquoi, dédaigneuse du scrutin, elle assiste sans s'émouvoir aux triomphes électoraux du peuple ; sûre qu'il n'enverra jamais au parlement que des bourgeois, par exception quelqu'un des siens qui ne tardera pas à devenir un bourgeois ; bien convaincue que ces élus ne peuvent vouloir détruire la chose à laquelle ils aspirent quand ils ne l'ont pas. Les Gracques ne sont point de notre temps.

XI

Spectacle étrange et bien propre à démontrer l'infirmité de l'esprit humain : le peuple, hostile à la bourgeoisie, reçoit d'elle sa direction politique. Il la reçoit surtout d'une certaine catégorie — d'industriels bourgeois qui trouve son compte à lui vendre du papier maculé d'absurde politique, d'histoire falsifiée, et de littérature abjecte ou corruptrice. Généralement dépourvus de savoir, trop souvent de conscience, ces prétendus lettrés n'en sont pas moins parvenus à persuader le peuple qu'après les avoir lus, son instruction ne laissait rien à désirer ; qu'il était en état de se faire une opinion politique arrêtée, mieux que cela, très-éclairée. Certes ! puisqu'elle n'est autre que celle de ces Mercadets de la plume. Pauvre peuple !

XII

Ne pouvant trouver en lui-même des législateurs, des administrateurs, le peuple est bien forcé de les demander à la bourgeoisie. En général ses choix ne sont pas heureux. Aux hommes de cette classe qui ont du savoir, une intelligence élevée, du désintéressement, et qui pourraient être utiles, le peuple en préfère d'autres qui mendient ses suffrages. C'est le bourgeois inepte et orgueilleux, jaloux de jouer un rôle ; c'est le bourgeois besoigneux, aspirant à refaire sa fortune. Quand c'est un avocat, et ils sont nombreux, c'est un petit avocat ; quand c'est un médecin, et ils ne sont pas rares, ce n'est pas un grand médecin.

XIII

Il est vrai que ces mendiants de suffrages ne marchandent pas sur les promesses et les engagements, qu'ils adhèrent à tous les programmes et subissent les mandats les plus impératifs. Il n'est pas moins vrai qu'une fois élus, ils s'en moquent.

Un fait qui, pour n'être pas rare, est plus particulièrement typique : certain député du Rhône, accusé d'avoir trahi ses engagements, est mandé à comparaître devant ses électeurs. Il n'en fit rien, se bornant à publier de banales protestations. Déclaré félon, déchu de son mandat, il ne le conserva pas moins jusqu'au jour où, pour l'indemniser de la perte des faveurs populaires, il fut élevé, lui chétif avocat, à un poste lucratif dans la haute magistrature. Par là le peuple peut voir le cas que le gouvernement de ses préférences fait de sa souveraineté et de ses griefs. Sans s'arrêter à ces misères, entre bourgeois on se passe et repasse la manne salutaire, la sébile aux écus.

XIV

A moins que ce ne soit bon plaisir et caprice de souverain, on ne voit pas pourquoi le peuple se laisserait indéfiniment berner par ces Machiavels de pacotille et leurs compères, les grands électeurs qui choisissent le candidat et le font élire, par les petits ; hâbleurs dépourvus de scrupules autant que de conviction, tourmentés du besoin de se poser et de faire les importants, nourrissant pour eux-mêmes d'ambitieuses espérances, flairant les reliefs du festin où ils font asseoir le patron.

XV

La république démocratique et sociale de nom, bourgeoise de fait, n'a pas encore assez duré pour désabuser le peuple. Cependant il en est réduit à se demander quand lui adviendront les avantages qu'il en espéra ; quand le travail sera moins rare et mieux rétribué ; quand il aura part aux bénéfices ; quand les loyers seront moins chers, le pain et le vin à plus bas prix, quand il aura l'aisance et le bien-être, enfin tout ce qu'on lui promet la veille des élections.

N'a-t-on pas eu l'impudence de lui présenter le divorce et la réforme de la magistrature comme des mesures propres à combler ses vœux ! O astucieux bourgeois, ces petits arrangements sont pour vous, non pour le peuple ; la moindre réduction des droits d'octroi ferait mieux son affaire.

XVI

Dans ses embarras la classe dirigeante et gouvernante a recours aux manœuvres qui lui réussirent toujours. Lors de la grande révolution, travaillant à devenir ce qu'elle est devenue, tout, elle eut l'art de se faire aider par le peuple en l'excitant contre le roi, les nobles, le clergé ; aujourd'hui que rois et nobles ont disparu, de nouveau, elle le lâche sur le clergé. « Tu n'as plus, ô « peuple, que cette bastille à prendre, et ta félicité « sera sans bornes. » Autrement dit : Amusons le peuple à déchirer le clergé, il en oubliera son rêve de réformes, et nous aurons détruit une force sociale qui nous gêne. C'est là ce qu'on appelle faire d'une pierre deux coups.

XVII

Pour injurieuse que soit au peuple cette audace de le façonner en instrument de haine, qu'est-elle auprès de l'œuvre lamentable, qu'on ose à peine dévoiler, qui échappe à tant de regards indifférents ou distraits, vrai crime de lèse-nation, de lèse-humanité : *Corrompre pour dominer !*

Si de nos jours l'immoralité, de plus en plus envahissante, est descendue jusqu'aux adolescents et ne respecte plus l'enfance, si elle flétrit les générations dans leur fleur et détruit tout germe viril, à qui la faute? La bourgeoisie n'est-elle pas dominante, souveraine, classe dirigeante? Quelles leçons, quels exemples a-t-elle donnés? Matérialiste, n'a-t-elle pas mis au-dessus de tout l'or et les jouissances matérielles qu'il procure; les plaisirs sensuels, les dégradantes voluptés ? Sceptique, n'a-t-elle pas, par ses propos, ses discours, ses écrits, raillé toute vertu, paré les vices d'attraits séduisants, discrédité toute saine doctrine, brisé tout frein salutaire ? *Corrompre pour dominer !* Sans accuser la bourgeoisie en général de la préméditation d'un pareil attentat, on n'en saurait absoudre une secte fameuse, essentiellement bourgeoise, héritière et zélée propagatrice des pernicieuses erreurs et des penchants pervers qui plongèrent le monde ancien dans la plus hideuse corruption, source de toute misère et de tout esclavage. A ces traits on reconnaît la franc-maçonnerie. Le peuple ne saura jamais tous les maux qu'il lui doit.

XVIII

Le peuple s'abuse s'il croit qu'avec le temps et la persévérance, il finira par constituer une république comme il l'entend, un gouvernement à lui, composé d'hommes du peuple qui ne trébucheront pas, qui ne se laisseront pas séduire et détourner du but. Chose pareille ne fut et ne sera jamais. La plus simple réflexion devrait l'en persuader. Jamais un régime politique ne s'établira d'une façon normale et durable à l'encontre de la puissance sociale, et cette puissance le peuple ne l'a pas : elle est à la bourgeoisie.

XIX

De quelque façon qu'on se tourne et retourne,

quelque système qu'on imagine, quelque régime qu'on invente, il y aura toujours, en France, bien près de dix millions d'hommes qui ne seront jamais ni députés, ni sénateurs, ni préfets, ni quoi que ce soit que des hommes voués au labeur. C'est une loi contre laquelle personne ne peut rien, c'est la loi qui régit l'humanité. Est-ce à dire que le peuple soit fatalement voué au poids du jour et de la chaleur sans allégement possible ? A Dieu ne plaise. Les choses humaines sont perfectibles, le progrès n'est pas un vain mot. Seulement il ne faut l'attendre ni des institutions ni des hommes qui ne peuvent le réaliser. Pour y arriver il ne faut pas se tromper de porte.

XX

« Tu es éclairé, sage, tout-puissant, ô peuple ;
« tu n'as qu'à vouloir, et ta volonté sera faite ! »
Tel est le langage que lui tiennent ses flatteurs. La vérité est qu'il y a lutte entre le peuple et la bourgeoisie, entre deux intérêts contraires; que dans cette lutte les armes ne sont pas égales et que le peuple n'est pas le plus fort; qu'en se perpétuant elle ne peut manquer de produire les plus dangereux conflits et détruire l'industrie nationale au profit de l'étranger.

Qui la fera cesser cette lutte ? Quel sera le conciliateur ? Quel sera le juge ? Qui modérera le puissant, qui soutiendra le faible ? Qui tranchera le différend ?

XXI

Si un régime politique n'a de prix aux yeux du peuple que les avantages réels qu'il en peut tirer, la République n'est pas son fait. Jamais la bourgeoisie, toute-puissante sous cette forme de gouvernement, ne lui concédera les droits et satisfaction qu'il recherche : il ne doit les attendre que de l'intervention d'une puissance supérieure, celle du roi.

XXII

Cette puissance le peuple seul peut la reconstituer, et il le doit, parce que c'est la sienne propre, et il le fera, parce qu'il est l'ouvrier des grandes œuvres. Si ce n'est pas aujourd'hui, ce sera demain, lorsqu'il se sera reconnu et qu'il aura reconnu le roi, lorsque les plus cruelles déceptions lui auront ouvert les yeux, lorsqu'il aura vu sans profit pour lui nos finances ruinées, le travail de plus en plus rare, et de moins en moins rétribué, dans la détresse de l'industrie et de l'agriculture qui ne sauraient prospérer l'une sans l'autre.

XXIII

L'esprit bourgeois, avec sa duplicité, sa ruse, n'a pu étouffer si complètement l'esprit du peuple, qu'il ne se réveille un jour et ne secoue résolûment les erreurs, les préjugés, les préventions habilement semés et cultivés par des imposteurs intéressés à le faire ; *droit divin, droit du seigneur, servage, dîmes, corvées, billets de confession,* etc., etc...

Quand des bourgeois, ravalant tout à leur niveau intellectuel et moral, ne voient dans le trône qu'un emploi richement doté, qu'ils ne veulent à personne, ne pouvant l'avoir tous, le peuple, lui, y verra autre chose. Il y verra une grande autorité digne de respect, un pouvoir fort, réparateur, fécond. Ne voit-il pas déjà, dans la réserve pleine de dignité du roi, qu'étranger à tout sentiment d'égoïsme et d'orgueil, il ne court pas après le trône ; qu'il n'y cherche pas, comme un vulgaire bourgeois, une fortune à faire ; qu'il ne se prétend nullement propriétaire, maître de la nation, mais son premier serviteur, son chef, aussi nécessaire qu'un général à une armée, pour qu'elle ne tombe pas sans défense sous les coups de l'ennemi !

Lorsque sera déchiré le voile qui dérobe ces vérités aux yeux du peuple, le jour sera proche où la France, cette pauvre France depuis si longtemps battue par les flots comme un navire en détresse au milieu des écueils, pourra enfin gagner le port.

XXIV

Avec le roi le peuple peut tout ; rien sans lui. Au point de maturité où en est arrivée la question sociale, le roi ne peut s'égarer, sa mission est toute tracée, sans équivoque possible. Il ne peut favoriser une aristocratie qui n'existe plus depuis un siècle et que nulle puissance humaine ne saurait faire revivre. Il ne peut favoriser une bourgeoisie trop puissante qui lui est hostile. Tout en étant le roi de tous, pouvoir pondérateur, son rôle est forcément de favoriser les justes aspirations du peuple. Il ne peut régner qu'à ce prix, par un mutuel appui du roi sur le peuple, du peuple sur le roi, par une mutuelle confiance, une mutuelle affection.

XXV

N'est-il pas d'ailleurs évident pour tout Français pourvu de sens, que le digne rejeton des rois qui ont fait la France, peut seul la relever de son abaissement, lui rendre sa grandeur, sa prospérité en l'arrachant aux mains d'ineptes ambitieux qui la compromettent, la rendent impuissante ? Par le respect qu'il imposera, la confiance qu'il inspirera aux gouvernements de l'Europe, le roi, sur le trône, vaut des armées. Lui seul peut mettre fin aux dangers de guerre, alléger le fardeau des charges militaires, pesant si lourdement sur les familles d'ouvrers et de cultivateurs, qui ont plus besoin de leurs jeunes hommes que la classe riche.

XXVI

Ainsi donc et pour tout dire c'est en vain que le peuple, s'obstinant dans son rêve, continuerait à clamer : Démocratie ! démocratie ! Il n'en serait ni plus souverain ni plus heureux. La seule démocratie possible, c'est le pouvoir qui naîtra de l'union du peuple et du roi. Que personne ne s'y trompe : le premier et le plus nécessaire des démocrates, c'est Henri de France, le petit-fils d'Henri IV, c'est Henri V.

7048 — Imprimerie Générale de Lyon, rue Condé, 30. — J.-E. Albert.

Je soussigné, déclare souscrire :

1° *Pour* .... *exemplaires à* **10** *centimes l'un et* **1** *fr. la douzaine, à la brochure intitulée :* **Démocratie** ; par un enfant du peuple

2° *Pour* .... *exemplaires à* **15** *centimes l'un, et* **1** *fr.* **50** *la douzaine, à la brochure intitulée :* **La Troisième République** ;

3° *Pour* .... *exemplaires à* **5** *centimes l'un, et* **50** *centimes la douzaine, à la brochure :* **Abattons les Croix.**

Signature :

Adresse : ....

Envoyer la souscription à M. ALBERT, Imprimeur-Éditeur
Lyon, rue Condé, 30.

OEUVRE DE PROPAGANDE

La propagande par les bons journaux n'a pas toute l'efficacité désirable ; en général ils ne prêchent que des convertis et font peu de prosélytes ; leur couleur connue les fait repousser par ceux qui auraient le plus besoin de les lire. Outre leurs mauvais journaux, plus répandus et plus avidement lus, les démolisseurs de la société inondent le pays de brochures infâmes, qui tombent aux mains de tout le monde et produisent d'effrayants ravages. Pourquoi le parti de l'ordre n'userait-il pas de ce moyen pour réparer le mal et faire triompher les bons principes ? Il n'y a pas de prévention contre une brochure inattendue ; on peut espérer qu'elle sera lue par des gens de toute opinion et qu'elle produira d'heureux effets.

Nous offrons aux gens de bien de participer à une œuvre de cette nature, en les invitant à souscrire à des brochures qui ne sont point affaire de spéculation, mais de pure propagande. S'il ne leur plaît pas de les distribuer eux-mêmes, ils pourront le faire savoir en envoyant leur souscription ; on se chargera de le faire pour eux sans autres frais.

7047 — Lyon ~ Imprimerie, rue de Condé, 30.